THIS JOURNAL BELONGS TO

This journal has been produced by
the International Publisher Kidsocado.

All Right Researved.

Never died that one whose heart is alive with love

"Fal Hafez" refers to a practice in Persian culture where individuals seek guidance or insight by randomly opening the Divan of Hafez, a collection of poems by the Persian poet Hafez. This is done with the belief that the poem on which one's eyes fall can provide answers or insights into one's current situation or questions.

Life is ours to be

Spent,

Not to be saved.

Monday

از صدای سخن عشق ندیدم خوشتر
یادگاری که در این گنبد دوّار بماند

Tuesday

به تو پیوسته‌ام و در پیوسته‌ای
همه را یک‌سان به جز من پیوسته‌ای

Wednesday

حلقهٔ زلفش تماشاخانهٔ باد صباست
جان صد صاحب دل آن جا بستهٔ یک مو ببین

Thursday

فکر بهبود خود ای دل ز دری دیگر کن
درد عاشق نشود به به مداوای حکیم

Friday

خط ساقی گر از این گونه زند نقش بر آب
ای بسا رخ که به خونابه منقش باشد

Saturday

Sunday

Refletion:

I couldn't Stop Laughing When?

The Best Feeling and Moment that I have last Week?

The Most Important Lessons I Learned?

Never Lose Your

Sense of Wonder!

Monday

بر بوی کنار تو شدم غرق و امید است

از موج سرشکم که رساند به کنارم

Tuesday

ای صبا بر ساقی بزم اتابک عرضه دار
تا از آن جام زر افشان جرعه‌ای بخشد به من

Wednesday

پروانه او گر رسدم در طلب جان
چون شمع همان دم به دمی جان بسپارم

Thursday

مسلمانان مرا وقتی دلی بود
که باوی گفتمی گر مشکلی بود

Friday

زمن ضایع شد اندر کوی جانان
چه دامنگیر یا رب منزلی بود

Saturday

Sunday

Refletion:

I couldn't Stop Laughing When?

The Best Feeling and Moment that I have last Week?

The Most Important Lessons I Learned?

The Books You Have Read

Let Go of Whatever is Holding You Back.

Monday

من ار چه عاشقم و رندو مست و نامه سیاه
هزار شکر که یاران شهر بی گنهند

Tuesday

به هوش باش که هنگام باد استغنا
هزار خرمن طاعت به نیم جو ننهند

Wednesday

گویند ذکر خیرش در خیل عشقبازان
هر جا که نام حافظ در انجمن برآید

Thursday

دست از طلب ندارم تا کام من برآید
یا تن رسد به جانان یا جان ز تن برآید

Friday

گوش من و حلقهٔ گیسوی یار
روی من و خاک در می فروش

Saturday

Sunday

Refletion:

I couldn't Stop Laughing When?

The Best Feeling and Moment that I have last Week?

The Most Important Lessons I Learned?

The Books You Have Read

It is Never too Late to Follow Your Desiere.

Monday

یکی چو باده پرستان صراحی اندر دست
یکی چو ساقی مستان به کف گرفته ایاغ

Tuesday

عابدان آفتاب از دلبر ما غافلند
ای ملامتگو خدا را رو مبین آن رو ببیند

Wednesday

خوش بود گر محک تجربه آید به میان
تا سیه روی شود هر که در او غش باشد

Thursday

چو عاشق می‌شدم گفتم که بردم گوهر مقصود
ندانستم که این دریا چه موج خون فشان دارد

Friday

ز کوی یار می‌آید نسیم باد نوروزی
از این باد ار مدد خواهی چراغ دل برافروزی

Saturday

Sunday

Refletion:

I couldn't Stop Laughing When?

The Best Feeling and Moment that I have last Week?

The Most Important Lessons I Learned?

The Books You Have Read

You

Can

You

Will.

Monday

چو در رویت بخندد گل مشو در دامش ای بلبل
که بر گل اعتمادی نیست گر حسن جهان دارد

Tuesday

شاه ترکان چو پسندید و به چاهم انداخت
دستگیر ار نشود لطف تهمتن چه کنم

Wednesday

بیا که با سر زلفت قرار خواهم کرد
که گر سرم برود بر ندارم از قدمت

Thursday

نقش خیال روی تو تا وقت صبحدم

بر کارگاه دیده بی خواب می زدم

Friday

بود نقش دو عالم که رنگ الفت بود
زمانه طرح محبت نه این زمان انداخت

Saturday

Sunday

Refletion:

I couldn't Stop Laughing When?

The Best Feeling and Moment that I have last Week?

The Most Important Lessons I Leamed?

The Books You Have Read

The Purpose of our Lives is to be Happy.

Monday

در نظربازی ما بی‌خبران حیرانند
من چنینم که نمودم دگر ایشان دانند

Tuesday

عشقبازی کار بازی نیست ای دل سر بباز
زان که گوی عشق نتوان زد به چوگان هوس

Wednesday

گلعذاری ز گلستان جهان ما را بس
زین چمن سایه آن سرو روان ما را بس

Thursday

دگر ز منزل جانان سفر مکن درویش
که سیر معنوی و کنج خانقاهت بس

Friday

آن چنان در هوای خاک درش
می‌رود آب دیده‌ام که مپرس

Saturday

Sunday

Refletion:

I couldn't Stop Laughing When?

The Best Feeling and Moment that I have last Week?

The Most Important Lessons I Leamed?

The Books You Have Read

Nothing is impossible. The word itself says 'I'm possible

Monday

بنشین بر لب جوی و گذر عمر ببین
کاین اشارت ز جهان گذران ما را بس

Tuesday

گفتم از گوی فلک صورت حالی پرسم
گفت آن می کشم اندر خم چوگان که مپرس

Wednesday

عشقبازی و جوانی و شراب لعل فام
مجلس انس و حریف همدم و شرب مدام

Thursday

ماجرای من و معشوق مرا پایان نیست
هر چه آغاز ندارد نپذیرد انجام

Friday

بازآی و دل تنگ مرا مونس جان باش
وین سوخته را محرم اسرار نهان باش

Saturday

Sunday

Refletion:

I couldn't Stop Laughing When?

The Best Feeling and Moment that I have last Week?

The Most Important Lessons I Leamed?

The Books You Have Read

When it comes to luck, you make your own

Monday

درد عشقی کشیده‌ام که مپرس

زهر هجری چشیده‌ام که مپرس

Tuesday

دلدار که گفتا به توام دل نگران است
گو می‌رسم اینک به سلامت نگران باش

Wednesday

اگر رفیق شفیقی درست پیمان باش

حریف خانه و گرمابه و گلستان باشد

Thursday

یا رب به وقت گل گنه بنده عفو کن
وین ماجرا به سرو لب جویبار بخش

Friday

باغبان گر پنج روزی صحبت گل بایدش
بر جفای خار هجران صبر بلبل بایدش

Saturday

Sunday

Refletion:

I couldn't Stop Laughing When?

The Best Feeling and Moment that I have last Week?

The Most Important Lessons I Learned?

The Books You Have Read

Love yourself first and everything else falls into line

Monday

نازهازان نرگس مستانه‌اش باید کشید
این دل شوریده تا آن جعد و کاکل بایدش

Tuesday

ای که در کوچه معشوقه ما می گذری
بر حذر باش که سر می شکند دیوارش

Wednesday

شراب تلخ می‌خواهم که مردافکن بود زورش
که تا یک دم بیاسایم ز دنیا و شر و شورش

Thursday

مکن از خواب بیدارم خدا را
که دارم خلوتی خوش با خیالش

Friday

گر چه از کوی وفا گشت به صد مرحله دور
دور باد آفت دور فلک از جان و تنش

Saturday

Sunday

Refletion:

I couldn't Stop Laughing When?

The Best Feeling and Moment that I have last Week?

The Most Important Lessons I Leamed?

The Books You Have Read

Try to be a rainbow in someone's cloud.

Monday

بیا تا در می صافیت راز دهر بنمایم
به شرط آن که ننمایی به کج طبعان دل کورش

Tuesday

ببرد از من قرار و طاقت و هوش
بت سنگین دل سیمین بناگوش

Wednesday

دل و دینم دل و دینم ببرده ست

بر و دوشش بر و دوشش بر و دوش

Thursday

زکوی میکده دوشش به دوش می بردند
امام شهر که سجاده می کشید به دوش

Friday

گوش من و حلقهٔ گیسوی یار

روی من و خاک در می فروش

Saturday

Sunday

Refletion:

I couldn't Stop Laughing When?

The Best Feeling and Moment that I have last Week?

The Most Important Lessons I Leamed?

The Books You Have Read

If opportunity doesn't knock, build a door.

Monday

ای پادشاه صورت و معنی که مثل تو
نادیده هیچ دیده و نشنیده هیچ گوش

Tuesday

دوش با من گفت پنهان کاردانی تیزهوش

وز شما پنهان نشاید کرد سر می فروش

Wednesday

شیوه و ناز تو شیرین خط و خال تو ملیح
چشم و ابروی تو زیبا قد و بالای تو خوش

Thursday

شب صحبت غنیمت دان و داد خوشدلی بستان
که مهتابی دل افروز است و طرف لاله زاری خوش

Friday

مجمع خوبی و لطف است عذار چو مهش
لیکنش مهر و وفا نیست خدایا بدهش

Saturday

Sunday

Refletion:

I couldn't Stop Laughing When?

The Best Feeling and Moment that I have last Week?

The Most Important Lessons I Leamed?

The Books You Have Read

Laughter is an instant vacation

Monday

گفت آسان گیر بر خود کارها کز روی طبع
سخت می گردد جهان بر مردمان سخت کوش

Tuesday

دلم رمیده شد و غافلم من درویش
که آن شکاری سرگشته را چه آمد پیش

Wednesday

ما آزموده‌ایم در این شهر بخت خویش
بیرون کشید باید از این ورطه رخت خویش

Thursday

مرا در منزل جانان چه امن عیش چون هر دم
جرس فریاد می دارد که بر بندید محمل ها

Friday

ز روی دوست دل دشمنان چه دریابد
چراغ مرده کجا شمع آفتاب کجا

Saturday

Sunday

Refletion:

I couldn't Stop Laughing When?

The Best Feeling and Moment that I have last Week?

The Most Important Lessons I Leamed?

The Books You Have Read

A champion is someone who gets up when he can't.

Monday

حدیث از مطرب و می گو و راز دهر کمتر جو
که کس نگشود و نگشاید به حکمت این معما را

Tuesday

ندانم از چه سبب رنگ آشنایی نیست
سهی قدان سیه چشم ماه سیما را

Wednesday

کشتی شکستگانیم ای باد شرطه برخیز
باشد که بازبینیم دیدار آشنا را

Thursday

مژه سیاهت ار کرد به خون ما اشارت
ز فریب او بیندیش و غلط مکن نگارا

Friday

صوفی بیا که آینه صافیست جام را
تا بنگری صفای می لعل فام را

Saturday

Sunday

Refletion:

I couldn't Stop Laughing When?

The Best Feeling and Moment that I have last Week?

The Most Important Lessons I Leamed?

The Books You Have Read

Every story I create, creates me. I write to create myself.

Monday

غرور حسنت اجازت مگر نداد ای گل
که پرسشی نکنی عندلیب شیدا را

Tuesday

آسایش دو گیتی تفسیر این دو حرف است
با دوستان مروت با دشمنان مدارا

Wednesday

همه شب در این امیدم که نسیم صبحگاهی
به پیام آشنایان بنوازد آشنا را

Thursday

ساقیا برخیز و در ده جام را
خاک بر سر کن غم ایام را

Friday

ای صبا گر به جوانان چمن بازرسی

خدمت ما برسان سرو و گل و ریحان را

Saturday

Sunday

Refletion:

I couldn't Stop Laughing When?

The Best Feeling and Moment that I have last Week?

The Most Important Lessons I Leamed?

The Books You Have Read

The things that we love tell us what we are.

Monday

هنگام تنگدستی در عیش کوش و مستی
کاین کیمیای هستی قارون کند گدا را

Tuesday

میان عاشق و معشوق فرق بسیار است
چو یار ناز نماید شما نیاز کنید

Wednesday

باد لارامی مرا خاطر خوش است
کز دلم یک باره برد آرام را

Thursday

برو از خانهٔ گردون به در و نان مطلب
کان سیه کاسه در آخر بکشد مهمان را

Friday

عقل اگر داند که دل در بند زلفش چون خوش است
عاقلان دیوانه گردند از پی زنجیر ما

Saturday

Sunday

Refletion:

I couldn't Stop Laughing When?

The Best Feeling and Moment that I have last Week?

The Most Important Lessons I Leamed?

The Books You Have Read

Correction does much,

but encouragement does

Monday

ساقی به نور باده برافروز جام ما

مطرب بگو که کار جهان شد به کام ما

Tuesday

دل خرابی می‌کند دلدار را آگه کنید
زینهار ای دوستان جان من و جان شما

Wednesday

گفتم به باد می دهدم باده نام و ننگ
گفتا قبول کن سخن و هر چه باد باد

Thursday

بیا بیا که زمانی ز می خراب شویم
مگر رسیم به گنجی در این خراب آباد

Friday

از دست رفته بود وجود ضعیف من
صبحم به بوی وصل تو جان بازداد باد

Saturday.

Sunday

Refletion:

I couldn't Stop Laughing When?

The Best Feeling and Moment that I have last Week?

The Most Important Lessons I Learned?

The Books You Have Read

You be a sunshine

in your house

Monday

کارم بدان رسید که هم راز خود کنم
هر شام برق لامع و هر بامداد باد

Tuesday

مبتلا گشتم در این بند و بلا
کوشش آن حق گزاران یاد باد

Wednesday

همای زلف شاهین شهپرت را

دل شاهان عالم زیر پر باد

Thursday

نرگس مست نوازش کن مردم دارش
خون عاشق به قدح گر بخورد نوشش باد

Friday

هر آن که روی چو ماهت به چشم بد بیند
بر آتش تو بجز جان او سپند مباد

Saturday

Sunday

Refletion:

I couldn't Stop Laughing When?

The Best Feeling and Moment that I have last Week?

The Most Important Lessons I Leamed?

The Books You Have Read

All things are difficult before they are easy.

Monday

آن که یک جرعه می از دست تواند دادن
دست با شاهد مقصود در آغوشش باد

Tuesday

هر دل که ز عشق توست خالی

از حلقه وصل تو برون باد

Wednesday

خسروا گوی فلک در خم چوگان تو باد
ساحت کون و مکان عرصه میدان تو باد

Thursday

دیر است که دلدار پیامی نفرستاد
ننوشت سلامی و کلامی نفرستاد

Friday

بس تجربه کردیم در این دیر مکافات
با دردکشان هر که در افتاد بر افتاد

Saturday

Sunday

Refletion:

I couldn't Stop Laughing When?

The Best Feeling and Moment that I have last Week?

The Most Important Lessons I Leamed?

The Books You Have Read

Let the beauty of what you love be what you do.

Monday

فریاد که آن ساقی شکر لب سر مست
دانست که مخمورم و جامی نفرستاد

Tuesday

دردا که از آن آهوی مشکین سیه چشم
چون نافه بسی خون دلم در جگر افتاد

Wednesday

حسن روی تو به یک جلوه که در آینه کرد

این همه نقش در آیینه اوهام افتاد

Thursday

آن که رخسار تو را رنگ گل و نسرین داد
صبر و آرام تواند به من مسکین داد

Friday

دلم خزانه اسرار بود و دست قضا
درش ببست و کلیدش به دلستانی داد

Saturday

Sunday

Refletion:

I couldn't Stop Laughing When?

The Best Feeling and Moment that I have last Week?

The Most Important Lessons I Learned?

The Books You Have Read

Don't stay in bed, unless you can make money in bed

Monday

همای اوج سعادت به دام ما افتد
اگر تو را گذری بر مقام ما افتد

Tuesday

درخت دوستی بنشان که کام دل به بار آرد
نهال دشمنی برکن که رنج بی شمار آرد

Wednesday

به پای بوس تو دست کسی رسید که او
چو آستانه بدین در همیشه سر دارد

Thursday

شیوهٔ چشمت فریب جنگ داشت

ما غلط کردیم و صلح انگاشتیم

Friday

شب ظلمت و بیابان به کجا توان رسیدن

مگر آن که شمع رویت به رهم چراغ دارد

Saturday

Sunday

Refletion:

I couldn't Stop Laughing When?

The Best Feeling and Moment that I have last Week?

The Most Important Lessons I Learned?

The Books You Have Read

Well done is better than well said.

Monday

شب صحبت غنیمت دان که بعد از روزگار ما
بسی گردش کند گردون بسی لیل و نهار آرد

Tuesday

لاف عشق و گله از یار زهی لاف دروغ

عشق بازانی چنین مستحق هجرانند

Wednesday

گویند سنگ لعل شود در مقام صبر
آری شود ولیک به خون جگر شود

Thursday

فرصت شمار صحبت کز این دو راه منزل
چو بگذریم دیگر نتوان به هم رسیدن

Friday

دلم ز حلقه زلفش به جان خرید آشوب
چه سود دید ندانم که این تجارت کرد

Saturday

Sunday

Refletion:

I couldn't Stop Laughing When?

The Best Feeling and Moment that I have last Week?

The Most Important Lessons I Learned?

The Books You Have Read

Don't fight the problem, decide it.

Monday

راه پنهانی میخانه نداند همه کس
جز من و زاهد و شیخ و دو سه رسوای دگر

Tuesday

مرا می‌بینی و هردم زیادت می‌کنی دردم
تو را می‌بینم و میلم زیادت می‌شود هردم

Wednesday

ما زیاران چشم یاری داشتیم

خود غلط بود آنچه می پنداشتیم

Thursday

نه راه است این که بگذاری مرا بر خاک و بگریزی
گذاری آر و بازم پرس تا خاک رهت گردم

Friday

فاش می گویم و از گفته خود دلشادم

بنده عشقم و از هر دو جهان آزادم

Saturday

Sunday

Refletion:

I couldn't Stop Laughing When?

The Best Feeling and Moment that I have last Week?

The Most Important Lessons I Learned?

The Books You Have Read

Step by step and the thing is done

Monday

صنما با غم عشق تو چه تدبیر کنم

تا به کی در غم تو ناله شبگیر کنم

Tuesday

فردا که پیشگاه حقیقت شود پدید
شرمنده ره روی که عمل بر مجاز کرد

Wednesday

هر که شد محرم دل در حرم یار بماند

وان که این کار ندانست در انکار بماند

Thursday

صحبت عافیت گرچه خوش افتاد ای دل
جانب عشق عزیز است فرومگذارش

Friday

جز نقش تو در نظر نیامد ما را

جز کوی تو رهگذر نیامد ما را

Saturday

Sunday

Refletion:

I couldn't Stop Laughing When?

The Best Feeling and Moment that I have last Week?

The Most Important Lessons I Learned?

The Books You Have Read

There is always

room at the top

Monday

دل دیوانه از آن شد که نصیحت شنود
مگرش هم ز سر زلف تو زنجیر کنم

Tuesday

آن سفرکرده که صد قافله دل همره اوست
هر کجا هست خدایا به سلامت دارش

Wednesday

در وفای عشق تو مشهور خوبانم چو شمع

شب نشین کوی سربازان و رندانم چو شمع

Thursday

الاای آهوی وحشی کجایی

مرا با توست چندین آشنایی

Friday

گویند ذکر خیرش در خیل عشقبازان
هر جا که نام حافظ در انجمن برآید

Saturday

Sunday

Refletion:

I couldn't Stop Laughing When?

The Best Feeling and Moment that I have last Week?

The Most Important Lessons I Learned?

The Books You Have Read

I come to win.

Monday

بیا تا حال یکدیگر بدانیم

مراد هم بجوییم ار توانیم

Tuesday

نرگس همه شیوه‌های مستی
از چشم خوشت به وام دارد

Wednesday

رسید موسم آن کز طرب چو نرگس مست
نهد به پای قدح هر که شش درم دارد

Thursday

چو عاشق می‌شدم گفتم که بردم گوهر مقصود
ندانستم که این دریا چه موج خون فشان دارد

Friday

چو بر روی زمین باشی توانایی غنیمت دان
که دوران ناتوانی ها بسی زیر زمین دارد

Saturday

Sunday

Refletion:

I couldn't Stop Laughing When?

The Best Feeling and Moment that I have last Week?

The Most Important Lessons I Learned?

The Books You Have Read

The purpose of life

is a life of purpose

Monday

گرت هواست که معشوق نگسلد پیمان
نگاه دار سررشته تا نگه دارد

Tuesday

پیر دردی کش ما گر چه ندارد زر و زور
خوش عطا بخش و خطا پوش خدایی دارد

Wednesday

جان بیمار مرا نیست ز تو روی سؤال
ای خوش آن خسته که از دوست جوابی دارد

Thursday

جان بی جمال جانان میل جهان ندارد
هر کس که این ندارد حقاکه آن ندارد

Friday

ساروان بار من افتاد خدا را مددی
که امید کرمم همره این محمل کرد

Saturday

Sunday

Refletion:

I couldn't Stop Laughing When?

The Best Feeling and Moment that I have last Week?

The Most Important Lessons I Learned?

The Books You Have Read

I want to live my life, not record it.

Monday

دیدم و آن چشم دل سیه که تو داری
جانب هیچ آشنا نگاه ندارد

Tuesday

حافظ اگر سجده تو کرد مکن عیب
کافر عشق ای صنم گناه ندارد

Wednesday

نیست در شهر نگاری که دل ما ببرد
بختم ار یار شود رختم از این جا ببرد

Thursday

سحر بلبل حکایت با صبا کرد
که عشق روی گل با ما چه‌ها کرد

Friday

طبیب عشق منم باده ده که این معجون
فراغت آرد و اندیشه خطا ببرد

Saturday

Sunday

Refletion:

I couldn't Stop Laughing When?

The Best Feeling and Moment that I have last Week?

The Most Important Lessons I Learned?

The Books You Have Read

Today a reader, tomorrow a leader.

Monday

سحر بلبل حکایت با صبا کرد
که عشق روی گل با ما چه‌ها کرد

Tuesday

بهای باده چون لعل چیست جوهر عقل
بیا که سود کسی برد کاین تجارت کرد

Wednesday

گل عزیز است غنیمت شمریدش صحبت
که به باغ آمد از این راه و از آن خواهد شد

Thursday

گفت‌وگو آیین درویشی نبود
ورنه با تو ماجراها داشتیم

Friday

آن سفر کرده که صد قافله دل همره اوست
هر کجا هست خدایا به سلامت دارش

Saturday

Sunday

Refletion:

I couldn't Stop Laughing When?

The Best Feeling and Moment that I have last Week?

The Most Important Lessons I Learned?

The Books You Have Read

Writing is a way of thinking.

Monday

عاشقی را که چنین باده شبگیر دهند
کافر عشق بود گر نشود باده پرست

Tuesday

خیال روی تو در هر طریق همره ماست
نسیم موی تو پیوند جان آگه ماست

Wednesday

مرا در منزل جانان چه امن عیش چون هر دم
جرس فریاد می‌دارد که بربندید محمل‌ها

Thursday

صبا کجاست که این جان خون گرفته چو گل
فدای نکهت گیسوی یار خواهم کرد

Friday

سرو بالای من آن گه که درآید به سماع
چه محل جامه جان را که قبا نتوان کرد

Saturday

Sunday

Refletion:

I couldn't Stop Laughing When?

The Best Feeling and Moment that I have last Week?

The Most Important Lessons I Leamed?

The Books You Have Read

Journal writing gives us insights into who we are, who we were, and who we can become

Monday

مشکل عشق نه در حوصله دانش ماست
حل این نکته بدین فکر خطا نتوان کرد

Tuesday

من چه گویم که تو را نازکی طبع لطیف
تا به حدیست که آهسته دعا نتوان کرد

Wednesday

دل از من برد و روی از من نهان کرد
خدا را با که این بازی توان کرد

Thursday

میان مهربانان کی توان گفت
که یار ما چنین گفت و چنان کرد

Friday

یاد باد آن که ز ما وقت سفر یاد نکرد
به وداعی دل غمدیده ما شاد نکرد

Saturday

Sunday

Refletion:

I couldn't Stop Laughing When?

The Best Feeling and Moment that I have last Week?

The Most Important Lessons I Leamed?

The Books You Have Read

Do one thing every day that scares you.

Monday

شاید ار پیک صبا از تو بیاموزد کار
زان که چالاکتر از این حرکت باد نکرد

Tuesday

شوخی مکن که مرغ دل بی قرار من
سودای دام عاشقی از سر به در نکرد

Wednesday

اشک من رنگ شفق یافت ز بی مهری یار
طالع بی شفقت بین که در این کار چه کرد

Thursday

دیدی ای دل که غم عشق دگربار چه کرد
چون بشد دلبر و با یار وفادار چه کرد

Friday

مژدگانی بده ای دل که دگر مطرب عشق
راه مستانه زد و چاره مخموری کرد

Saturday

Sunday

Refletion:

I couldn't Stop Laughing When?

The Best Feeling and Moment that I have last Week?

The Most Important Lessons I Learned?

The Books You Have Read

The only impossible journey is the one you never begin.

Monday

از صدای سخن عشق ندیدم خوشتر
یادگاری که در این گنبد دوّار بماند

Tuesday

به تو پیوسته‌ام و در پیوسته‌ای

همه را یک‌سان به جز من پیوسته‌ای

Wednesday

سال‌ها دل طلب جام جم از ما می‌کرد
وان چه خود داشت ز بیگانه تمنا می‌کرد

Thursday

فکر بهبود خود ای دل ز دری دیگر کن
درد عاشق نشود به به مداوای حکیم

Friday

بی دلی در همه احوال خدا با او بود
او نمی دیدش و از دور خدا را می کرد

Saturday

Sunday

Refletion:

I couldn't Stop Laughing When?

The Best Feeling and Moment that I have last Week?

The Most Important Lessons I Learned?

Choose joy every day

Monday

بر بوی کنار تو شدم غرق و امید است

از موج سرشکم که رساند به کنارم

Tuesday

دل از نور هدایت گر آگهی یابی
چو شمع خنده زنان ترک سر توانی کرد

Wednesday

پروانهٔ او گر رسدم در طلب جان
چون شمع همان دم به دمی جان بسپارم

Thursday

چه مستیست ندانم که رو به ما آورد
که بود ساقی و این باده از کجا آورد

Friday

زمن ضایع شد اندر کوی جانان

چه دامنگیر یا رب منزلی بود

Saturday

Sunday

Refletion:

I couldn't Stop Laughing When?

The Best Feeling and Moment that I have last Week?

The Most Important Lessons I Leamed?

The Books You Have Read

Enjoy the little things, for one day you may look back and realize they were the big things

Monday

شب تاریک و بیم موج و گردابی چنین هایل
کجا دانند حال ما سبک باران ساحل ها

Tuesday

صنما با غم عشق تو چه تدبیر کنم / تا به کی در غم تو ناله شبگیر کنم

Wednesday

حدیث از مطرب و می گو و راز دهر کمتر جو

که کس نگشود و نگشاید به حکمت این معما را

Thursday

سینه از آتش دل در غم جانانه بسوخت
آتشی بود در این خانه که کاشانه بسوخت

Friday

ای که از کوچه معشوقه ما می‌گذری
بر حذر باش که سر می‌شکند دیوارش

Saturday

Sunday

Refletion:

I couldn't Stop Laughing When?

The Best Feeling and Moment that I have last Week?

The Most Important Lessons I Leamed?

The Books You Have Read

It's a slow process, but quitting won't speed it up

Monday

مرحبا ای پیک مشتاقان بده پیغام دوست
تا کنم جان از سر رغبت فدای نام دوست

Tuesday

راهی ست راه عشق که هیچش کناره نیست
آنجا جز آن که جان بسپارند چاره نیست

Wednesday

صبا به خوش خبری هدهد سلیمان است

که مژده طرب از گلشن سبا آورد

Thursday

سخن در احتیاج ما و استغنای معشوق است
چه سود افسون‌گری ای دل که در دلبر نمی‌گیرد

Friday

بیا ای ساقی گلرخ بیاور باده رنگین
که فکری در درون ما از این بهتر نمی گیرد

Saturday

Sunday

Refletion:

I couldn't Stop Laughing When?

The Best Feeling and Moment that I have last Week?

The Most Important Lessons I Learned?

The Books You Have Read

Don't tell people your plans. Show them your results

Monday

ساقی ار باده از این دست به جام اندازد
عارفان را همه در شرب مدام اندازد

Tuesday

به کوی می فروشانش به جامی بر نمی گیرند
زهی سجاده تقوا که یک ساغر نمی ارزد

Wednesday

چه آسان می نمود اول غم دریا به بوی سود
غلط کردم که این طوفان به صد گوهر نمی ارزد

Thursday

در ازل پرتو حسنت ز تجلی دم زد
عشق پیدا شد و آتش به همه عالم زد

Friday

دیگران قرعه قسمت همه بر عیش زدند
دل غم‌دیده ما بود که هم بر غم زد

Saturday

Sunday

Refletion:

I couldn't Stop Laughing When?

The Best Feeling and Moment that I have last Week?

The Most Important Lessons I Learned?

The Books You Have Read

Hey you. You're gorgeous

Monday

مدعی خواست که آید به تماشاگه راز
دست غیب آمد و بر سینهٔ نامحرم زد

Tuesday

نگارم دوش در مجلس به عزم رقص چون برخاست
گره بگشود از ابرو و بر دل‌های یاران زد

Wednesday

راهی بزن که آهی بر ساز آن توان زد
شعری بخوان که با او رطل گران توان زد

Thursday

فراز و شیب بیابان عشق دام بلاست
کجاست شیردلی کز بلا نپرهیزد

Friday

به حسن و خلق و وفا کس به یار ما نرسد
تو را در این سخن انکار کار ما نرسد

Saturday

Sunday

Refletion:

I couldn't Stop Laughing When?

The Best Feeling and Moment that I have last Week?

The Most Important Lessons I Learned?

The Books You Have Read

Set a goal that makes you want to jump out of bed in the morning.

Monday

مطربا مجلس انس است غزل خوان و سرود

چند گویی که چنین رفت و چنان خواهد شد؟

Tuesday

گفتم ای بخت بخفتیدی و خورشید دمید
گفت با این همه از سابقه نومید مشو

Wednesday

یاد باد آن که ز ما وقت سفر یاد نکرد
به وداعی دل غمدیدهٔ ما شاد نکرد

Thursday

گفتم ز مِهرورزان رسمِ وفا بیاموز

گفتا ز خوبرویان این کار کمتر آید

Friday

به مژگان سیه کردی هزاران رخنه در دینم
بیا کز چشم بیمارت هزاران درد برچینم

Saturday

Sunday

Refletion:

I couldn't Stop Laughing When?

The Best Feeling and Moment that I have last Week?

The Most Important Lessons I Learned?

The Books You Have Read

Don't look back.
You're not going
that way

Monday

عاشقی را که چنین باده شبگیر دهند
کافر عشق بود گر نشود باده پرست

Tuesday

دلم را مشکن و در پا مینداز

که دارد در سر زلف تو مسکن

Wednesday

باز آی و دل تنگ مرا مونس جان باش
وین سوخته را محرم اسرار نهان باش

Thursday

جلوه بخت تو دل می‌برد از شاه و گدا
چشم بد دور که هم جانی و هم جانانی

Friday

من حاصل عمر خود ندارم جز غم
در عشق ز نیک و بد ندارم جز غم

Saturday

Sunday

Refletion:

I couldn't Stop Laughing When?

The Best Feeling and Moment that I have last Week?

The Most Important Lessons I Learned?

The Books You Have Read

Write a wise saying and your name will live forever.

Monday

هواخواه توام جانا و می دانم که می دانی
که هم نادیده می دانی و هم ننوشته می خوانی

Tuesday

تو خود ای گوهر یک دانه کجایی آخر
کز غمت دیده مردم همه دریا باشد

Wednesday

جای آن است که خون موج زند در دل لعل
زین تغابن که خزف می‌شکند بازارش

Thursday

تو خود ای گوهر یک دانه کجایی آخر
کز غمت دیده مردم همه دریا باشد

Friday

من و انکار شراب این چه حکایت باشد
غالبا این قدرم عقل و کفایت باشد

Saturday

Sunday

Refletion:

I couldn't Stop Laughing When?

The Best Feeling and Moment that I have last Week?

The Most Important Lessons I Leamed?

The Books You Have Read

You can't buy happiness, but you can buy books

Monday

از صدای سخن عشق ندیدم خوشتر
یادگاری که در این گنبد دوّار بماند

Tuesday

به تو پیوسته‌ام و در پیوسته‌ای
همه را یک‌سان به جز من پیوسته‌ای

Wednesday

دوش از این غصه نخفتم که رفیقی می‌گفت
حافظ ار مست بود جای شکایت باشد

Thursday

فکر بهبود خود ای دل ز دری دیگر کن

درد عاشق نشود به به مداوای حکیم

Friday

نقد صوفی نه همه صافی بی غش باشد
ای بسا خرقه که مستوجب آتش باشد

Saturday

Sunday

Refletion:

I couldn't Stop Laughing When?

The Best Feeling and Moment that I have last Week?

The Most Important Lessons I Learned?

After the verb 'to love', 'to help' is the most beautiful verb in the world

Monday

بر بوی کنار تو شدم غرق و امید است

از موج سرشکم که رساند به کنارم

Tuesday

من آن نگین سلیمان به هیچ نستانم
که گاه گاه بر او دست اهرمن باشد

Wednesday

پروانهٔ او گر رسدم در طلب جان
چون شمع همان دم به دمی جان بسپارم

Thursday

هر کو نکند فهمی زین کلک خیال انگیز
نقشش به حرام ار خود صورتگر چین باشد

Friday

ز من ضایع شد اندر کوی جانان

چه دامنگیر یا رب منزلی بود

Saturday

Sunday

Refletion:

I couldn't Stop Laughing When?

The Best Feeling and Moment that I have last Week?

The Most Important Lessons I Leamed?

The Books You Have Read

Success is not something to wait for, it is something to work for

Monday

خواب ارچه خوش آمد همه را در عهدت

حقا که به چشم در نیامد ما را

Tuesday

سینه مالامال درد است ای دریغا مرہمی

دل ز تنہایی به جان آمد خدا را ہمدمی

Wednesday

جام می و خون دل هر یک به کسی دادند

در دایره قسمت اوضاع چنین باشد

Thursday

زمان خوشدلی دریاب و دریاب
که دایم در صدف گوهر نباشد

Friday

گل بی رخ یار خوش نباشد

بی باده بهار خوش نباشد

Saturday

Sunday

Refletion:

I couldn't Stop Laughing When?

The Best Feeling and Moment that I have last Week?

The Most Important Lessons I Learned?

The Books You Have Read

Life is a balance of holding on and letting go

Monday

هر نقش که دست عقل بندد
جز نقش نگار خوش نباشد

Tuesday

نفس باد صبا مشک فشان خواهد شد
عالم پیر دگر باره جوان خواهد شد

Wednesday

گل عزیز است غنیمت شمریدش صحبت
که به باغ آمد از این راه و از آن خواهد شد

Thursday

مطربا مجلس انس است غزل خوان و سرود

چند گویی که چنین رفت و چنان خواهد شد

Friday

مجال من همین باشد که پنهان عشق او ورزم
کنار و بوس و آغوشش چه گویم چون نخواهد شد

Saturday

Sunday

Refletion:

I couldn't Stop Laughing When?

The Best Feeling and Moment that I have last Week?

The Most Important Lessons I Learned?

The Books You Have Read

Be less curious about people and more curious about ideas

Monday

روز هجران و شب فرقت یار آخر شد
زدم این فال و گذشت اختر و کار آخر شد

Tuesday

نگار من که به مکتب نرفت و خط ننوشت

به غمزه مسئله آموز صد مدرس شد

Wednesday

آن پریشانی شب‌های دراز و غم دل
همه در سایه گیسوی نگار آخر شد

Thursday

یاری اندر کس نمی‌بینیم یاران را چه شد
دوستی کی آخر آمد دوستداران را چه شد

Friday

زاهد خلوت نشین دوش به میخانه شد

از سر پیمان برفت با سر پیمانه شد

Saturday

Sunday

Refletion:

I couldn't Stop Laughing When?

The Best Feeling and Moment that I have last Week?

The Most Important Lessons I Leamed?

The Books You Have Read

Some people feel the rain, others just get wet

Monday

شهر یاران بود و خاک مهربانان این دیار
مهربانی کی سر آمد شهریاران را چه شد

Tuesday

دوش از جناب آصف پیک بشارت آمد
کز حضرت سلیمان عشرت اشارت آمد

Wednesday

دریاست مجلس او دریاب وقت و دریاب
هان ای زیان رسیده وقت تجارت آمد

Thursday

عشق تو نہال حیرت آمد
وصل تو کمال حیرت آمد

Friday

در نمازم خم ابروی تو با یاد آمد
حالتی رفت که محراب به فریاد آمد

Saturday

Sunday

Refletion:

I couldn't Stop Laughing When?

The Best Feeling and Moment that I have last Week?

The Most Important Lessons I Learned?

The Books You Have Read

Life isn't about finding yourself. Life is about creating yourself

Monday

دلفریبان نباتی همه زیور بستند
دلبر ماست که با حسن خداداد آمد

Tuesday

مژده ای دل که دگر باد صبا بازآمد
هدهد خوش خبر از طرف سبا بازآمد

Wednesday

ز خانقاه به میخانه می‌رود حافظ
مگر ز مستی زهد ریا به هوش آمد

Thursday

سحرم دولت بیدار به بالین آمد
گفت برخیز که آن خسرو شیرین آمد

Friday

ساقیا می بده و غم مخور از دشمن و دوست
که به کام دل ما آن بشد و این آمد

Saturday

Sunday

Refletion:

I couldn't Stop Laughing When?

The Best Feeling and Moment that I have last Week?

The Most Important Lessons I Learned?

The Books You Have Read

Be yourself; everyone else is already taken

Monday

چشم آسایش که دارد از سپهر تیزرو

ساقیا جامی به من ده تا بیاسایم دمی

Tuesday

بباختم دل دیوانه و ندانستم
که آدمی بچه‌ای شیوه پری داند

Wednesday

شاه ترکان فارغ است از حال ماکو رستمی

در طریق عشقبازی امن و آسایش بلاست

Thursday

گشت بیمار که چون چشم تو گردد نرگس
شیوه تو نشدش حاصل و بیمار بماند

Friday

از صدای سخن عشق ندیدم خوشتر
یادگاری که در این گنبد دوار بماند

Saturday

Sunday

Refletion:

I couldn't Stop Laughing When?

The Best Feeling and Moment that I have last Week?

The Most Important Lessons I Learned?

The Books You Have Read

In the end, it's not the years in your life that count. It's the life in your years.

Monday

بر بوی کنار تو شدم غرق و امید است

از موج سرشکم که رساند به کنارم

Tuesday

صلاح کار کجا و من خراب کجا

ببین تفاوت ره کز کجاست تا به کجا

Wednesday

پروانه او گر رسدم در طلب جان
چون شمع همان دم به دمی جان بسپارم

Thursday

هرگه که دل به عشق دهی خوش دمی بود

درکار خیر حاجت هیچ استخاره نیست

Friday

زمن ضایع شد اندر کوی جانان

چه دامنگیر یارب منزلی بود

Saturday

Sunday

Refletion:

I couldn't Stop Laughing When?

The Best Feeling and Moment that I have last Week?

The Most Important Lessons I Leamed?

The Books You Have Read

May you live all the days of your life.

Monday

فرصت شمر طریقه رندی که این نشان
چون راه گنج بر همه کس آشکاره نیست

Tuesday

جانا تو را کہ گفت کہ احوال ما مپرس
بیگانہ گرد و قصہ ہیچ آشنا مپرس

Wednesday

گر مرید راه عشقی فکر بدنامی مکن
شیخ صنعان خرقه رهن خانه خمار داشت

Thursday

تا ابد بوی محبت به مشامش نرسد
هر که خاک در میخانه به رخساره نرفت

Friday

گفتم اسرار غمت هر چه بود گو می باش
صبر از این بیش ندارم چه کنم تا کی و چند

Saturday

Sunday

Refletion:

I couldn't Stop Laughing When?

The Best Feeling and Moment that I have last Week?

The Most Important Lessons I Leamed?

The Books You Have Read

Life is either a daring adventure or nothing.

Monday

گفتم ای مسند جم جام جهان بینت کو
گفت افسوس که آن دولت بیدار بخفت

Tuesday

من خاکی که از این در نتوانم برخاست
از کجا بوسه زنم بر لب آن قصر بلند

Wednesday

ما بدان مقصد عالی نتوانیم رسید
هم مگر پیش نهد لطف شما گامی چند

Thursday

دوش وقت سحر از غصه نجاتم دادند
و اندر آن ظلمت شب آب حیاتم دادند

Friday

آسمان بار امانت نتوانست کشید
قرعه کار به نام من دیوانه زدند

Saturday

Sunday

Refletion:

I couldn't Stop Laughing When?

The Best Feeling and Moment that I have last Week?

The Most Important Lessons I Leamed?

The Books You Have Read

You only live once, but if you do it right, once is enough

Monday

سخن عشق نه آن است که آید به زبان
ساقیا می ده و کوتاه کن این گفت و شنفت

Tuesday

دلبر برفت و دلشدگان را خبر نکرد
یاد حریف شهر و رفیق سفر نکرد

Wednesday

بسته‌ام در خم گیسوی تو امید دراز
آن مبادا که کند دست طلب کوتاهم

Thursday

چون چشم تو دل می‌برد از گوشه نشینان
همراه تو بودن گنه از جانب ما نیست

Friday

جانم بسوختی و به دل دوست دارمت

Saturday

Sunday

Refletion:

I couldn't Stop Laughing When?

The Best Feeling and Moment that I have last Week?

The Most Important Lessons I Leamed?

The Books You Have Read

Kidsocado Publishing House
Vancouver, Canada

Phone: +1 (833) 633 8654
WhatsApp: +1 (236) 333 7248
Email: info@kidsocado.com
https://kidsocadopublishinghouse.com
https:/kidsocado.com

www.ingramcontent.com/pod-product-compliance
Lightning Source LLC
Chambersburg PA
CBHW052130070526
44585CB00017B/1767
* 9 7 8 1 7 7 8 9 2 1 8 6 5 *